Dieser

Tagesplaner
2020

gehört:

Im Falle eines Verlustes
bitte zurück geben an:

Name
. . . .

Adresse
. . . .

Telefon
. . . .

E-Mail
. . . .

Tommy Wohlfahrt
Schandauer Straße 19
01309 Dresden

Mittwoch

01. Januar

07

08

09

10

11

12

13

14

15

16

17

18

19

20

Wichtig

Telefonate

Donnerstag

02. Januar

07

08

09

10

11

12

13

14

15

16

17

18

19

20

Wichtig

Telefonate

Freitag

03. Januar

07

08

09

10

11

12

13

14

15

16

17

18

19

20

Wichtig

Telefonate

Samstag

04. Januar

07

08

09

10

11

12

13

14

15

16

17

18

19

20

Wichtig

Telefonate

Sonntag

05. Januar

07

08

09

10

11

12

13

14

15

16

17

18

19

20

Wichtig

Telefonate

Montag

06. Januar

07

08

09

10

11

12

13

14

15

16

17

18

19

20

Wichtig

Telefonate

Dienstag

07. Januar

07

08

09

10

11

12

13

14

15

16

17

18

19

20

Wichtig	Telefonate

Mittwoch

08. Januar

07

08

09

10

11

12

13

14

15

16

17

18

19

20

Wichtig

Telefonate

Donnerstag

09. Januar

07

08

09

10

11

12

13

14

15

16

17

18

19

20

Wichtig

Telefonate

Freitag

10. Januar

07

08

09

10

11

12

13

14

15

16

17

18

19

20

Wichtig

Telefonate

Samstag

11. Januar

07

08

09

10

11

12

13

14

15

16

17

18

19

20

Wichtig

Telefonate

Sonntag

12. Januar

07

08

09

10

11

12

13

14

15

16

17

18

19

20

Wichtig

Telefonate

Montag

13. Januar

07

08

09

10

11

12

13

14

15

16

17

18

19

20

Wichtig

Telefonate

Dienstag

14. Januar

07

08

09

10

11

12

13

14

15

16

17

18

19

20

Wichtig   Telefonate

Mittwoch

15. Januar

07

08

09

10

11

12

13

14

15

16

17

18

19

20

Wichtig

Telefonate

Donnerstag

16. Januar

07

08

09

10

11

12

13

14

15

16

17

18

19

20

Wichtig

Telefonate

Freitag

17. Januar

07

08

09

10

11

12

13

14

15

16

17

18

19

20

Wichtig

Telefonate

Samstag

18. Januar

07

08

09

10

11

12

13

14

15

16

17

18

19

20

Wichtig

Telefonate

Sonntag

19. Januar

07

08

09

10

11

12

13

14

15

16

17

18

19

20

Wichtig

Telefonate

Montag

20. Januar

07

08

09

10

11

12

13

14

15

16

17

18

19

20

Wichtig

Telefonate

Dienstag

21. Januar

07

08

09

10

11

12

13

14

15

16

17

18

19

20

Wichtig	Telefonate

Mittwoch

22. Januar

07

08

09

10

11

12

13

14

15

16

17

18

19

20

Wichtig	Telefonate

Donnerstag

23. Januar

07

08

09

10

11

12

13

14

15

16

17

18

19

20

Wichtig

Telefonate

Freitag

24. Januar

07

08

09

10

11

12

13

14

15

16

17

18

19

20

Wichtig

Telefonate

Samstag

25. Januar

07

08

09

10

11

12

13

14

15

16

17

18

19

20

Wichtig

Telefonate

Sonntag

26. Januar

07

08

09

10

11

12

13

14

15

16

17

18

19

20

Wichtig

Telefonate

Montag

27. Januar

07

08

09

10

11

12

13

14

15

16

17

18

19

20

Wichtig

Telefonate

Dienstag

28. Januar

07

08

09

10

11

12

13

14

15

16

17

18

19

20

Wichtig

Telefonate

Mittwoch

29. Januar

07

08

09

10

11

12

13

14

15

16

17

18

19

20

Wichtig

Telefonate

Donnerstag

30. Januar

07

08

09

10

11

12

13

14

15

16

17

18

19

20

Wichtig

Telefonate

Freitag

31. Januar

07

08

09

10

11

12

13

14

15

16

17

18

19

20

Wichtig

Telefonate

Samstag

01. Februar

07

08

09

10

11

12

13

14

15

16

17

18

19

20

Wichtig

Telefonate

Sonntag

02. Februar

07

08

09

10

11

12

13

14

15

16

17

18

19

20

Wichtig

Telefonate

Montag

03. Februar

07

08

09

10

11

12

13

14

15

16

17

18

19

20

Wichtig

Telefonate

Dienstag

04. Februar

07

08

09

10

11

12

13

14

15

16

17

18

19

20

Wichtig

Telefonate

Mittwoch

05. Februar

07

08

09

10

11

12

13

14

15

16

17

18

19

20

Wichtig

Telefonate

Donnerstag

06. Februar

07

08

09

10

11

12

13

14

15

16

17

18

19

20

Wichtig

Telefonate

Freitag

07. Februar

07

08

09

10

11

12

13

14

15

16

17

18

19

20

Wichtig

Telefonate

Samstag

08. Februar

07

08

09

10

11

12

13

14

15

16

17

18

19

20

Wichtig

Telefonate

Sonntag

09. Februar

07

08

09

10

11

12

13

14

15

16

17

18

19

20

Wichtig

Telefonate

Montag

10. Februar

07

08

09

10

11

12

13

14

15

16

17

18

19

20

Wichtig

Telefonate

Dienstag

11. Februar

07

08

09

10

11

12

13

14

15

16

17

18

19

20

Wichtig	Telefonate

Mittwoch

12. Februar

07

08

09

10

11

12

13

14

15

16

17

18

19

20

Wichtig	Telefonate

Donnerstag

13. Februar

07

08

09

10

11

12

13

14

15

16

17

18

19

20

Wichtig

Telefonate

Freitag

14. Februar

07

08

09

10

11

12

13

14

15

16

17

18

19

20

Wichtig

Telefonate

Samstag

15. Februar

07

08

09

10

11

12

13

14

15

16

17

18

19

20

Wichtig

Telefonate

Sonntag

16. Februar

07

08

09

10

11

12

13

14

15

16

17

18

19

20

Wichtig

Telefonate

Montag

17. Februar

07

08

09

10

11

12

13

14

15

16

17

18

19

20

Wichtig

Telefonate

Dienstag

18. Februar

07

08

09

10

11

12

13

14

15

16

17

18

19

20

Wichtig

Telefonate

Mittwoch

19. Februar

07

08

09

10

11

12

13

14

15

16

17

18

19

20

Wichtig

Telefonate

Donnerstag

20. Februar

07

08

09

10

11

12

13

14

15

16

17

18

19

20

Wichtig	Telefonate

Freitag

21. Februar

07

08

09

10

11

12

13

14

15

16

17

18

19

20

Wichtig

Telefonate

Samstag

22. Februar

07

08

09

10

11

12

13

14

15

16

17

18

19

20

Wichtig

Telefonate

Sonntag

23. Februar

07

08

09

10

11

12

13

14

15

16

17

18

19

20

Wichtig

Telefonate

Montag

24. Februar

07

08

09

10

11

12

13

14

15

16

17

18

19

20

Wichtig

Telefonate

Dienstag

25. Februar

07

08

09

10

11

12

13

14

15

16

17

18

19

20

Wichtig

Telefonate

Mittwoch

26. Februar

07

08

09

10

11

12

13

14

15

16

17

18

19

20

Wichtig

Telefonate

Donnerstag

27. Februar

07

08

09

10

11

12

13

14

15

16

17

18

19

20

Wichtig

Telefonate

Freitag

28. Februar

07

08

09

10

11

12

13

14

15

16

17

18

19

20

Wichtig

Telefonate

Samstag

29. Februar

07

08

09

10

11

12

13

14

15

16

17

18

19

20

Wichtig	Telefonate

Sonntag

01. März

07

08

09

10

11

12

13

14

15

16

17

18

19

20

Wichtig

Telefonate

Montag

02. März

07

08

09

10

11

12

13

14

15

16

17

18

19

20

Wichtig

Telefonate

Dienstag

03. März

07

08

09

10

11

12

13

14

15

16

17

18

19

20

Wichtig

Telefonate

Mittwoch

04. März

07

08

09

10

11

12

13

14

15

16

17

18

19

20

Wichtig

Telefonate

Donnerstag

05. März

07

08

09

10

11

12

13

14

15

16

17

18

19

20

Wichtig

Telefonate

Freitag

06. März

07

08

09

10

11

12

13

14

15

16

17

18

19

20

Wichtig	Telefonate

Samstag

07. März

07

08

09

10

11

12

13

14

15

16

17

18

19

20

Wichtig

Telefonate

Sonntag

08. März

07

08

09

10

11

12

13

14

15

16

17

18

19

20

Wichtig

Telefonate

Montag

09. März

07

08

09

10

11

12

13

14

15

16

17

18

19

20

Wichtig

Telefonate

Dienstag

10. März

07

08

09

10

11

12

13

14

15

16

17

18

19

20

Wichtig   Telefonate

Mittwoch

11. März

07

08

09

10

11

12

13

14

15

16

17

18

19

20

Wichtig

Telefonate

Donnerstag

12. März

07

08

09

10

11

12

13

14

15

16

17

18

19

20

Wichtig

Telefonate

Freitag

13. März

07

08

09

10

11

12

13

14

15

16

17

18

19

20

Wichtig

Telefonate

Samstag

14. März

07

08

09

10

11

12

13

14

15

16

17

18

19

20

Wichtig   Telefonate

Sonntag

15. März

07

08

09

10

11

12

13

14

15

16

17

18

19

20

Wichtig

Telefonate

Montag

16. März

07

08

09

10

11

12

13

14

15

16

17

18

19

20

Wichtig

Telefonate

Dienstag

17. März

07

08

09

10

11

12

13

14

15

16

17

18

19

20

Wichtig

Telefonate

Mittwoch

18. März

07

08

09

10

11

12

13

14

15

16

17

18

19

20

Wichtig

Telefonate

Donnerstag

19. März

07

08

09

10

11

12

13

14

15

16

17

18

19

20

Wichtig

Telefonate

Freitag

20. März

07

08

09

10

11

12

13

14

15

16

17

18

19

20

Wichtig   Telefonate

Samstag

21. März

07

08

09

10

11

12

13

14

15

16

17

18

19

20

Wichtig

Telefonate

Sonntag

22. März

07

08

09

10

11

12

13

14

15

16

17

18

19

20

Wichtig

Telefonate

Montag

23. März

07

08

09

10

11

12

13

14

15

16

17

18

19

20

Wichtig

Telefonate

Dienstag

24. März

07

08

09

10

11

12

13

14

15

16

17

18

19

20

Wichtig

Telefonate

Mittwoch

25. März

07

08

09

10

11

12

13

14

15

16

17

18

19

20

Wichtig

Telefonate

Donnerstag

26. März

07

08

09

10

11

12

13

14

15

16

17

18

19

20

Wichtig   Telefonate

Freitag

27. März

07

08

09

10

11

12

13

14

15

16

17

18

19

20

Wichtig

Telefonate

Samstag

28. März

07

08

09

10

11

12

13

14

15

16

17

18

19

20

Wichtig   Telefonate

Sonntag

29. März

07

08

09

10

11

12

13

14

15

16

17

18

19

20

Wichtig

Telefonate

Montag

30. März

07

08

09

10

11

12

13

14

15

16

17

18

19

20

Wichtig

Telefonate

Dienstag

31. März

07

08

09

10

11

12

13

14

15

16

17

18

19

20

Wichtig

Telefonate

Mittwoch

01. April

07

08

09

10

11

12

13

14

15

16

17

18

19

20

Wichtig

Telefonate

Donnerstag

02. April

07

08

09

10

11

12

13

14

15

16

17

18

19

20

Wichtig

Telefonate

Freitag

03. April

07

08

09

10

11

12

13

14

15

16

17

18

19

20

Wichtig

Telefonate

Samstag

04. April

07

08

09

10

11

12

13

14

15

16

17

18

19

20

Wichtig

Telefonate

Sonntag

05. April

07

08

09

10

11

12

13

14

15

16

17

18

19

20

Wichtig

Telefonate

Montag

06. April

07

08

09

10

11

12

13

14

15

16

17

18

19

20

Wichtig

Telefonate

Dienstag

07. April

07

08

09

10

11

12

13

14

15

16

17

18

19

20

Wichtig

Telefonate

Mittwoch

08. April

07

08

09

10

11

12

13

14

15

16

17

18

19

20

Wichtig

Telefonate

Donnerstag

09. April

07

08

09

10

11

12

13

14

15

16

17

18

19

20

Wichtig

Telefonate

Freitag

10. April

07

08

09

10

11

12

13

14

15

16

17

18

19

20

Wichtig

Telefonate

Samstag

11. April

07

08

09

10

11

12

13

14

15

16

17

18

19

20

Wichtig

Telefonate

Sonntag

12. April

07

08

09

10

11

12

13

14

15

16

17

18

19

20

Wichtig

Telefonate

Montag

13. April

07

08

09

10

11

12

13

14

15

16

17

18

19

20

Wichtig

Telefonate

Dienstag

14. April

07

08

09

10

11

12

13

14

15

16

17

18

19

20

Wichtig

Telefonate

Mittwoch

15. April

07

08

09

10

11

12

13

14

15

16

17

18

19

20

Wichtig

Telefonate

Donnerstag

16. April

07

08

09

10

11

12

13

14

15

16

17

18

19

20

Wichtig

Telefonate

Freitag

17. April

07

08

09

10

11

12

13

14

15

16

17

18

19

20

Wichtig

Telefonate

Samstag

18. April

07

08

09

10

11

12

13

14

15

16

17

18

19

20

Wichtig

Telefonate

Sonntag

19. April

07

08

09

10

11

12

13

14

15

16

17

18

19

20

Wichtig

Telefonate

Montag

20. April

07

08

09

10

11

12

13

14

15

16

17

18

19

20

Wichtig

Telefonate

Dienstag

21. April

07

08

09

10

11

12

13

14

15

16

17

18

19

20

Wichtig	Telefonate

Mittwoch

22. April

07

08

09

10

11

12

13

14

15

16

17

18

19

20

Wichtig

Telefonate

Donnerstag

23. April

07

08

09

10

11

12

13

14

15

16

17

18

19

20

Wichtig

Telefonate

Freitag

24. April

07

08

09

10

11

12

13

14

15

16

17

18

19

20

Wichtig

Telefonate

Samstag

25. April

07

08

09

10

11

12

13

14

15

16

17

18

19

20

Wichtig   Telefonate

Sonntag

26. April

07

08

09

10

11

12

13

14

15

16

17

18

19

20

Wichtig	Telefonate

Montag

27. April

07

08

09

10

11

12

13

14

15

16

17

18

19

20

Wichtig

Telefonate

Dienstag

28. April

07

08

09

10

11

12

13

14

15

16

17

18

19

20

Wichtig

Telefonate

Mittwoch

29. April

07

08

09

10

11

12

13

14

15

16

17

18

19

20

Wichtig

Telefonate

Donnerstag

30. April

07

08

09

10

11

12

13

14

15

16

17

18

19

20

Wichtig

Telefonate

Freitag

01. Mai

07

08

09

10

11

12

13

14

15

16

17

18

19

20

Wichtig

Telefonate

Samstag

02. Mai

07

08

09

10

11

12

13

14

15

16

17

18

19

20

Wichtig

Telefonate

Sonntag

03. Mai

07

08

09

10

11

12

13

14

15

16

17

18

19

20

Wichtig

Telefonate

Montag

04. Mai

07

08

09

10

11

12

13

14

15

16

17

18

19

20

Wichtig   Telefonate

Dienstag

05. Mai

07

08

09

10

11

12

13

14

15

16

17

18

19

20

Wichtig

Telefonate

Mittwoch

06. Mai

07

08

09

10

11

12

13

14

15

16

17

18

19

20

Wichtig

Telefonate

Donnerstag

07. Mai

07

08

09

10

11

12

13

14

15

16

17

18

19

20

Wichtig

Telefonate

Freitag

08. Mai

07

08

09

10

11

12

13

14

15

16

17

18

19

20

Wichtig

Telefonate

Samstag

09. Mai

07

08

09

10

11

12

13

14

15

16

17

18

19

20

| Wichtig | Telefonate |

Sonntag

10. Mai

07

08

09

10

11

12

13

14

15

16

17

18

19

20

Wichtig

Telefonate

Montag

11. Mai

07

08

09

10

11

12

13

14

15

16

17

18

19

20

Wichtig

Telefonate

Dienstag

12. Mai

07

08

09

10

11

12

13

14

15

16

17

18

19

20

Wichtig

Telefonate

Mittwoch

13. Mai

07

08

09

10

11

12

13

14

15

16

17

18

19

20

Wichtig

Telefonate

Donnerstag

14. Mai

07

08

09

10

11

12

13

14

15

16

17

18

19

20

Wichtig

Telefonate

Freitag

15. Mai

07

08

09

10

11

12

13

14

15

16

17

18

19

20

Wichtig	Telefonate

Samstag

16. Mai

07

08

09

10

11

12

13

14

15

16

17

18

19

20

Wichtig

Telefonate

Sonntag

17. Mai

07

08

09

10

11

12

13

14

15

16

17

18

19

20

Wichtig

Telefonate

Montag

18. Mai

07

08

09

10

11

12

13

14

15

16

17

18

19

20

Wichtig

Telefonate

Dienstag

19. Mai

07

08

09

10

11

12

13

14

15

16

17

18

19

20

Wichtig

Telefonate

Mittwoch

20. Mai

07

08

09

10

11

12

13

14

15

16

17

18

19

20

Wichtig	Telefonate

Donnerstag

21. Mai

07

08

09

10

11

12

13

14

15

16

17

18

19

20

Wichtig	Telefonate

Freitag

22. Mai

07

08

09

10

11

12

13

14

15

16

17

18

19

20

Wichtig

Telefonate

Samstag

23. Mai

07

08

09

10

11

12

13

14

15

16

17

18

19

20

Wichtig	Telefonate

Sonntag

24. Mai

07

08

09

10

11

12

13

14

15

16

17

18

19

20

Wichtig

Telefonate

Montag

25. Mai

07

08

09

10

11

12

13

14

15

16

17

18

19

20

Wichtig	Telefonate

Dienstag

26. Mai

07

08

09

10

11

12

13

14

15

16

17

18

19

20

Wichtig

Telefonate

Mittwoch

27. Mai

07

08

09

10

11

12

13

14

15

16

17

18

19

20

Wichtig

Telefonate

Donnerstag

28. Mai

07

08

09

10

11

12

13

14

15

16

17

18

19

20

Wichtig

Telefonate

Freitag

29. Mai

07

08

09

10

11

12

13

14

15

16

17

18

19

20

Wichtig

Telefonate

Samstag

30. Mai

07

08

09

10

11

12

13

14

15

16

17

18

19

20

Wichtig

Telefonate

Sonntag

31. Mai

07

08

09

10

11

12

13

14

15

16

17

18

19

20

Wichtig	Telefonate

Montag

01. Juni

07

08

09

10

11

12

13

14

15

16

17

18

19

20

Wichtig	Telefonate

Dienstag

02. Juni

07

08

09

10

11

12

13

14

15

16

17

18

19

20

Wichtig	Telefonate

Mittwoch

03. Juni

07

08

09

10

11

12

13

14

15

16

17

18

19

20

Wichtig

Telefonate

Donnerstag

04. Juni

07

08

09

10

11

12

13

14

15

16

17

18

19

20

Wichtig

Telefonate

Freitag

05. Juni

07

08

09

10

11

12

13

14

15

16

17

18

19

20

Wichtig	Telefonate

Samstag

06. Juni

07

08

09

10

11

12

13

14

15

16

17

18

19

20

Wichtig	Telefonate

Sonntag

07. Juni

07

08

09

10

11

12

13

14

15

16

17

18

19

20

Wichtig

Telefonate

Montag

08. Juni

07

08

09

10

11

12

13

14

15

16

17

18

19

20

Wichtig

Telefonate

Dienstag

09. Juni

07

08

09

10

11

12

13

14

15

16

17

18

19

20

Wichtig

Telefonate

Mittwoch

10. Juni

07

08

09

10

11

12

13

14

15

16

17

18

19

20

Wichtig

Telefonate

Donnerstag

11. Juni

07

08

09

10

11

12

13

14

15

16

17

18

19

20

Wichtig

Telefonate

Freitag

12. Juni

07

08

09

10

11

12

13

14

15

16

17

18

19

20

Wichtig

Telefonate

Samstag

13. Juni

07

08

09

10

11

12

13

14

15

16

17

18

19

20

Wichtig

Telefonate

Sonntag

14. Juni

07

08

09

10

11

12

13

14

15

16

17

18

19

20

Wichtig

Telefonate

Montag

15. Juni

07

08

09

10

11

12

13

14

15

16

17

18

19

20

Wichtig

Telefonate

Dienstag

16. Juni

07

08

09

10

11

12

13

14

15

16

17

18

19

20

Wichtig

Telefonate

Mittwoch

17. Juni

07

08

09

10

11

12

13

14

15

16

17

18

19

20

Wichtig

Telefonate

Donnerstag

18. Juni

07

08

09

10

11

12

13

14

15

16

17

18

19

20

Wichtig

Telefonate

Freitag

19. Juni

07

08

09

10

11

12

13

14

15

16

17

18

19

20

Wichtig

Telefonate

Samstag

20. Juni

07

08

09

10

11

12

13

14

15

16

17

18

19

20

Wichtig	Telefonate

Sonntag

21. Juni

07

08

09

10

11

12

13

14

15

16

17

18

19

20

Wichtig

Telefonate

Montag

22. Juni

07

08

09

10

11

12

13

14

15

16

17

18

19

20

Wichtig	Telefonate

Dienstag

23. Juni

07

08

09

10

11

12

13

14

15

16

17

18

19

20

Wichtig

Telefonate

Mittwoch

24. Juni

07

08

09

10

11

12

13

14

15

16

17

18

19

20

Wichtig

Telefonate

Donnerstag

25. Juni

07

08

09

10

11

12

13

14

15

16

17

18

19

20

Wichtig

Telefonate

Freitag

26. Juni

07

08

09

10

11

12

13

14

15

16

17

18

19

20

Wichtig

Telefonate

Samstag

27. Juni

07

08

09

10

11

12

13

14

15

16

17

18

19

20

Wichtig

Telefonate

Sonntag

28. Juni

07

08

09

10

11

12

13

14

15

16

17

18

19

20

Wichtig	Telefonate

Montag

29. Juni

07

08

09

10

11

12

13

14

15

16

17

18

19

20

Wichtig

Telefonate

Dienstag

30. Juni

07

08

09

10

11

12

13

14

15

16

17

18

19

20

Wichtig

Telefonate

Mittwoch

01. Juli

07

08

09

10

11

12

13

14

15

16

17

18

19

20

Wichtig

Telefonate

Donnerstag

02. Juli

07

08

09

10

11

12

13

14

15

16

17

18

19

20

Wichtig

Telefonate

Freitag

03. Juli

07

08

09

10

11

12

13

14

15

16

17

18

19

20

Wichtig

Telefonate

Samstag

04. Juli

07

08

09

10

11

12

13

14

15

16

17

18

19

20

Wichtig

Telefonate

Sonntag

05. Juli

07

08

09

10

11

12

13

14

15

16

17

18

19

20

Wichtig	Telefonate

Montag

06. Juli

07

08

09

10

11

12

13

14

15

16

17

18

19

20

Wichtig   Telefonate

Dienstag

07. Juli

07

08

09

10

11

12

13

14

15

16

17

18

19

20

Wichtig

Telefonate

Mittwoch

08. Juli

07

08

09

10

11

12

13

14

15

16

17

18

19

20

Wichtig

Telefonate

Donnerstag

09. Juli

07

08

09

10

11

12

13

14

15

16

17

18

19

20

Wichtig

Telefonate

Freitag

10. Juli

07

08

09

10

11

12

13

14

15

16

17

18

19

20

Wichtig	Telefonate

Samstag

11. Juli

07

08

09

10

11

12

13

14

15

16

17

18

19

20

Wichtig

Telefonate

Sonntag

12. Juli

07

08

09

10

11

12

13

14

15

16

17

18

19

20

Wichtig

Telefonate

Montag

13. Juli

07

08

09

10

11

12

13

14

15

16

17

18

19

20

Wichtig

Telefonate

Dienstag

14. Juli

07

08

09

10

11

12

13

14

15

16

17

18

19

20

Wichtig

Telefonate

Mittwoch

15. Juli

07

08

09

10

11

12

13

14

15

16

17

18

19

20

Wichtig

Telefonate

Donnerstag

16. Juli

07

08

09

10

11

12

13

14

15

16

17

18

19

20

Wichtig

Telefonate

Freitag

17. Juli

07

08

09

10

11

12

13

14

15

16

17

18

19

20

Wichtig

Telefonate

Samstag

18. Juli

07

08

09

10

11

12

13

14

15

16

17

18

19

20

Wichtig

Telefonate

Sonntag

19. Juli

07

08

09

10

11

12

13

14

15

16

17

18

19

20

Wichtig

Telefonate

Montag

20. Juli

07

08

09

10

11

12

13

14

15

16

17

18

19

20

Wichtig	Telefonate

Dienstag

21. Juli

07

08

09

10

11

12

13

14

15

16

17

18

19

20

Wichtig	Telefonate

Mittwoch

22. Juli

07

08

09

10

11

12

13

14

15

16

17

18

19

20

Wichtig	Telefonate

Donnerstag

23. Juli

07

08

09

10

11

12

13

14

15

16

17

18

19

20

Wichtig

Telefonate

Freitag

24. Juli

07

08

09

10

11

12

13

14

15

16

17

18

19

20

Wichtig   Telefonate

Samstag

25. Juli

07

08

09

10

11

12

13

14

15

16

17

18

19

20

Wichtig

Telefonate

Sonntag

26. Juli

07

08

09

10

11

12

13

14

15

16

17

18

19

20

Wichtig

Telefonate

Montag

27. Juli

07

08

09

10

11

12

13

14

15

16

17

18

19

20

Wichtig

Telefonate

Dienstag

28. Juli

07

08

09

10

11

12

13

14

15

16

17

18

19

20

Wichtig	Telefonate

Mittwoch

29. Juli

07

08

09

10

11

12

13

14

15

16

17

18

19

20

Wichtig

Telefonate

Donnerstag

30. Juli

07

08

09

10

11

12

13

14

15

16

17

18

19

20

Wichtig	Telefonate

Freitag

31. Juli

07

08

09

10

11

12

13

14

15

16

17

18

19

20

Wichtig

Telefonate

Samstag

01. August

07

08

09

10

11

12

13

14

15

16

17

18

19

20

Wichtig

Telefonate

Sonntag

02. August

07

08

09

10

11

12

13

14

15

16

17

18

19

20

Wichtig	Telefonate

Montag

03. August

07

08

09

10

11

12

13

14

15

16

17

18

19

20

Wichtig

Telefonate

Dienstag

04. August

07

08

09

10

11

12

13

14

15

16

17

18

19

20

Wichtig

Telefonate

Mittwoch

05. August

07

08

09

10

11

12

13

14

15

16

17

18

19

20

Wichtig

Telefonate

Donnerstag

06. August

07

08

09

10

11

12

13

14

15

16

17

18

19

20

| Wichtig | Telefonate |

Freitag

07. August

07

08

09

10

11

12

13

14

15

16

17

18

19

20

Wichtig

Telefonate

Samstag

08. August

07

08

09

10

11

12

13

14

15

16

17

18

19

20

Wichtig

Telefonate

Sonntag

09. August

07

08

09

10

11

12

13

14

15

16

17

18

19

20

Wichtig

Telefonate

Montag

10. August

07

08

09

10

11

12

13

14

15

16

17

18

19

20

Wichtig

Telefonate

Dienstag

11. August

07

08

09

10

11

12

13

14

15

16

17

18

19

20

Wichtig   Telefonate

Mittwoch

12. August

07

08

09

10

11

12

13

14

15

16

17

18

19

20

Wichtig

Telefonate

Donnerstag

13. August

07

08

09

10

11

12

13

14

15

16

17

18

19

20

Wichtig

Telefonate

Freitag

14. August

07

08

09

10

11

12

13

14

15

16

17

18

19

20

Wichtig	Telefonate

Samstag

15. August

07

08

09

10

11

12

13

14

15

16

17

18

19

20

Wichtig

Telefonate

Sonntag

16. August

07

08

09

10

11

12

13

14

15

16

17

18

19

20

Wichtig

Telefonate

Montag

17. August

07

08

09

10

11

12

13

14

15

16

17

18

19

20

Wichtig

Telefonate

Dienstag

18. August

07

08

09

10

11

12

13

14

15

16

17

18

19

20

Wichtig	Telefonate

Mittwoch

19. August

07

08

09

10

11

12

13

14

15

16

17

18

19

20

Wichtig

Telefonate

Donnerstag

20. August

07

08

09

10

11

12

13

14

15

16

17

18

19

20

Wichtig   Telefonate

Freitag

21. August

07

08

09

10

11

12

13

14

15

16

17

18

19

20

Wichtig

Telefonate

Samstag

22. August

07

08

09

10

11

12

13

14

15

16

17

18

19

20

Wichtig

Telefonate

Sonntag

23. August

07

08

09

10

11

12

13

14

15

16

17

18

19

20

Wichtig   Telefonate

Montag

24. August

07

08

09

10

11

12

13

14

15

16

17

18

19

20

Wichtig   Telefonate

Dienstag

25. August

07

08

09

10

11

12

13

14

15

16

17

18

19

20

Wichtig

Telefonate

Mittwoch

26. August

07

08

09

10

11

12

13

14

15

16

17

18

19

20

Wichtig

Telefonate

Donnerstag

27. August

07

08

09

10

11

12

13

14

15

16

17

18

19

20

Wichtig

Telefonate

Freitag

28. August

07

08

09

10

11

12

13

14

15

16

17

18

19

20

Wichtig

Telefonate

Samstag

29. August

07

08

09

10

11

12

13

14

15

16

17

18

19

20

Wichtig   Telefonate

Sonntag

30. August

07

08

09

10

11

12

13

14

15

16

17

18

19

20

Wichtig

Telefonate

Montag

31. August

07

08

09

10

11

12

13

14

15

16

17

18

19

20

Wichtig

Telefonate

Dienstag

01. September

07

08

09

10

11

12

13

14

15

16

17

18

19

20

Wichtig

Telefonate

Mittwoch

02. September

07

08

09

10

11

12

13

14

15

16

17

18

19

20

Wichtig

Telefonate

Donnerstag

03. September

07

08

09

10

11

12

13

14

15

16

17

18

19

20

Wichtig

Telefonate

Freitag

04. September

07

08

09

10

11

12

13

14

15

16

17

18

19

20

Wichtig

Telefonate

Samstag

05. September

07

08

09

10

11

12

13

14

15

16

17

18

19

20

Wichtig

Telefonate

Sonntag

06. September

07

08

09

10

11

12

13

14

15

16

17

18

19

20

Wichtig	Telefonate

Montag

07. September

07

08

09

10

11

12

13

14

15

16

17

18

19

20

Wichtig

Telefonate

Dienstag

08. September

07

08

09

10

11

12

13

14

15

16

17

18

19

20

Wichtig   Telefonate

Mittwoch

09. September

07

08

09

10

11

12

13

14

15

16

17

18

19

20

Wichtig

Telefonate

Donnerstag

10. September

07

08

09

10

11

12

13

14

15

16

17

18

19

20

Wichtig

Telefonate

Freitag

11. September

07

08

09

10

11

12

13

14

15

16

17

18

19

20

Wichtig

Telefonate

Samstag

12. September

07

08

09

10

11

12

13

14

15

16

17

18

19

20

Wichtig

Telefonate

Sonntag

13. September

07

08

09

10

11

12

13

14

15

16

17

18

19

20

Wichtig

Telefonate

Montag

14. September

07

08

09

10

11

12

13

14

15

16

17

18

19

20

Wichtig

Telefonate

Dienstag

15. September

07

08

09

10

11

12

13

14

15

16

17

18

19

20

Wichtig

Telefonate

Mittwoch

16. September

07

08

09

10

11

12

13

14

15

16

17

18

19

20

Wichtig

Telefonate

Donnerstag

17. September

07

08

09

10

11

12

13

14

15

16

17

18

19

20

Wichtig

Telefonate

Freitag

18. September

07

08

09

10

11

12

13

14

15

16

17

18

19

20

Wichtig	Telefonate

Samstag

19. September

07

08

09

10

11

12

13

14

15

16

17

18

19

20

Wichtig

Telefonate

Sonntag

20. September

07

08

09

10

11

12

13

14

15

16

17

18

19

20

Wichtig

Telefonate

Montag

21. September

07

08

09

10

11

12

13

14

15

16

17

18

19

20

Wichtig

Telefonate

Dienstag

22. September

07

08

09

10

11

12

13

14

15

16

17

18

19

20

Wichtig   Telefonate

Mittwoch

23. September

07

08

09

10

11

12

13

14

15

16

17

18

19

20

Wichtig

Telefonate

Donnerstag

24. September

07

08

09

10

11

12

13

14

15

16

17

18

19

20

Wichtig

Telefonate

Freitag

25. September

07

08

09

10

11

12

13

14

15

16

17

18

19

20

Wichtig

Telefonate

Samstag

26. September

07

08

09

10

11

12

13

14

15

16

17

18

19

20

Wichtig	Telefonate

Sonntag

27. September

07

08

09

10

11

12

13

14

15

16

17

18

19

20

Wichtig

Telefonate

Montag

28. September

07

08

09

10

11

12

13

14

15

16

17

18

19

20

Wichtig

Telefonate

Dienstag

29. September

07

08

09

10

11

12

13

14

15

16

17

18

19

20

Wichtig

Telefonate

Mittwoch

30. September

07

08

09

10

11

12

13

14

15

16

17

18

19

20

Wichtig

Telefonate

Donnerstag

01. Oktober

07

08

09

10

11

12

13

14

15

16

17

18

19

20

Wichtig

Telefonate

Freitag

02. Oktober

07

08

09

10

11

12

13

14

15

16

17

18

19

20

Wichtig

Telefonate

Samstag

03. Oktober

07

08

09

10

11

12

13

14

15

16

17

18

19

20

Wichtig

Telefonate

Sonntag

04. Oktober

07

08

09

10

11

12

13

14

15

16

17

18

19

20

Wichtig

Telefonate

Montag

05. Oktober

07

08

09

10

11

12

13

14

15

16

17

18

19

20

Wichtig

Telefonate

Dienstag

06. Oktober

07

08

09

10

11

12

13

14

15

16

17

18

19

20

Wichtig

Telefonate

Mittwoch

07. Oktober

07

08

09

10

11

12

13

14

15

16

17

18

19

20

Wichtig

Telefonate

Donnerstag

08. Oktober

07

08

09

10

11

12

13

14

15

16

17

18

19

20

Wichtig

Telefonate

Freitag

09. Oktober

07

08

09

10

11

12

13

14

15

16

17

18

19

20

Wichtig

Telefonate

Samstag

10. Oktober

07

08

09

10

11

12

13

14

15

16

17

18

19

20

Wichtig

Telefonate

Sonntag

11. Oktober

07

08

09

10

11

12

13

14

15

16

17

18

19

20

Wichtig

Telefonate

Montag

12. Oktober

07

08

09

10

11

12

13

14

15

16

17

18

19

20

Wichtig

Telefonate

Dienstag

13. Oktober

07

08

09

10

11

12

13

14

15

16

17

18

19

20

Wichtig

Telefonate

Mittwoch

14. Oktober

07

08

09

10

11

12

13

14

15

16

17

18

19

20

Wichtig

Telefonate

Donnerstag

15. Oktober

07

08

09

10

11

12

13

14

15

16

17

18

19

20

Wichtig

Telefonate

Freitag

16. Oktober

07

08

09

10

11

12

13

14

15

16

17

10

19

20

Wichtig

Telefonate

Samstag

17. Oktober

07

08

09

10

11

12

13

14

15

16

17

18

19

20

Wichtig

Telefonate

Sonntag

18. Oktober

07

08

09

10

11

12

13

14

15

16

17

18

19

20

Wichtig

Telefonate

Montag

19. Oktober

07

08

09

10

11

12

13

14

15

16

17

18

19

20

Wichtig

Telefonate

Dienstag

20. Oktober

07

08

09

10

11

12

13

14

15

16

17

18

19

20

Wichtig	Telefonate

Mittwoch

21. Oktober

07

08

09

10

11

12

13

14

15

16

17

18

19

20

Wichtig

Telefonate

Donnerstag

22. Oktober

07

08

09

10

11

12

13

14

15

16

17

18

19

20

Wichtig

Telefonate

Freitag

23. Oktober

07

08

09

10

11

12

13

14

15

16

17

18

19

20

Wichtig

Telefonate

Samstag

24. Oktober

07

08

09

10

11

12

13

14

15

16

17

18

19

20

Wichtig

Telefonate

Sonntag

25. Oktober

07

08

09

10

11

12

13

14

15

16

17

18

19

20

Wichtig

Telefonate

Montag

26. Oktober

07

08

09

10

11

12

13

14

15

16

17

18

19

20

Wichtig

Telefonate

Dienstag

27. Oktober

07

08

09

10

11

12

13

14

15

16

17

18

19

20

Wichtig

Telefonate

Mittwoch

28. Oktober

07

08

09

10

11

12

13

14

15

16

17

18

19

20

Wichtig   Telefonate

Donnerstag

29. Oktober

07

08

09

10

11

12

13

14

15

16

17

18

19

20

Wichtig

Telefonate

Freitag

30. Oktober

07

08

09

10

11

12

13

14

15

16

17

18

19

20

Wichtig

Telefonate

Samstag

31. Oktober

07

08

09

10

11

12

13

14

15

16

17

18

19

20

Wichtig

Telefonate

Sonntag

01. November

07

08

09

10

11

12

13

14

15

16

17

18

19

20

Wichtig

Telefonate

Montag

02. November

07

08

09

10

11

12

13

14

15

16

17

18

19

20

Wichtig

Telefonate

Dienstag

03. November

07

08

09

10

11

12

13

14

15

16

17

18

19

20

Wichtig

Telefonate

Mittwoch

04. November

07

08

09

10

11

12

13

14

15

16

17

18

19

20

Wichtig

Telefonate

Donnerstag

05. November

07

08

09

10

11

12

13

14

15

16

17

18

19

20

Wichtig

Telefonate

Freitag

06. November

07

08

09

10

11

12

13

14

15

16

17

18

19

20

Wichtig

Telefonate

Samstag

07. November

07

08

09

10

11

12

13

14

15

16

17

18

19

20

Wichtig

Telefonate

Sonntag

08. November

07

08

09

10

11

12

13

14

15

16

17

18

19

20

Wichtig

Telefonate

Montag

09. November

07

08

09

10

11

12

13

14

15

16

17

18

19

20

Wichtig

Telefonate

Dienstag

10. November

07

08

09

10

11

12

13

14

15

16

17

18

19

20

Wichtig

Telefonate

Mittwoch

11. November

07

08

09

10

11

12

13

14

15

16

17

18

19

20

Wichtig

Telefonate

Donnerstag

12. November

07

08

09

10

11

12

13

14

15

16

17

18

19

20

Wichtig

Telefonate

Freitag

13. November

07

08

09

10

11

12

13

14

15

16

17

18

19

20

Wichtig

Telefonate

Samstag

14. November

07

08

09

10

11

12

13

14

15

16

17

18

19

20

Wichtig

Telefonate

Sonntag

15. November

07

08

09

10

11

12

13

14

15

16

17

18

19

20

Wichtig   Telefonate

Montag

16. November

07

08

09

10

11

12

13

14

15

16

17

18

19

20

Wichtig

Telefonate

Dienstag

17. November

07

08

09

10

11

12

13

14

15

16

17

18

19

20

Wichtig

Telefonate

Mittwoch

18. November

07

08

09

10

11

12

13

14

15

16

17

18

19

20

Wichtig

Telefonate

Donnerstag

19. November

07

08

09

10

11

12

13

14

15

16

17

18

19

20

Wichtig

Telefonate

Freitag

20. November

07

08

09

10

11

12

13

14

15

16

17

18

19

20

Wichtig

Telefonate

Samstag

21. November

07

08

09

10

11

12

13

14

15

16

17

18

19

20

Wichtig	Telefonate

Sonntag

22. November

07

08

09

10

11

12

13

14

15

16

17

18

19

20

Wichtig

Telefonate

Montag

23. November

07

08

09

10

11

12

13

14

15

16

17

18

19

20

Wichtig   Telefonate

Dienstag

24. November

07

08

09

10

11

12

13

14

15

16

17

18

19

20

Wichtig

Telefonate

Mittwoch

25. November

07

08

09

10

11

12

13

14

15

16

17

18

19

20

Wichtig	Telefonate

Donnerstag

26. November

07

08

09

10

11

12

13

14

15

16

17

18

19

20

Wichtig

Telefonate

Freitag

27. November

07

08

09

10

11

12

13

14

15

16

17

18

19

20

Wichtig   Telefonate

Samstag

28. November

07

08

09

10

11

12

13

14

15

16

17

18

19

20

Wichtig

Telefonate

Sonntag

29. November

07

08

09

10

11

12

13

14

15

16

17

18

19

20

Wichtig

Telefonate

Montag

30. November

07

08

09

10

11

12

13

14

15

16

17

18

19

20

Wichtig

Telefonate

Dienstag

01. Dezember

07

08

09

10

11

12

13

14

15

16

17

18

19

20

Wichtig

Telefonate

Mittwoch

02. Dezember

07

08

09

10

11

12

13

14

15

16

17

18

19

20

Wichtig

Telefonate

Donnerstag

03. Dezember

07

08

09

10

11

12

13

14

15

16

17

18

19

20

Wichtig

Telefonate

Freitag

04. Dezember

07

08

09

10

11

12

13

14

15

16

17

18

19

20

Wichtig

Telefonate

Samstag

05. Dezember

07

08

09

10

11

12

13

14

15

16

17

18

19

20

Wichtig	Telefonate

Sonntag

06. Dezember

07

08

09

10

11

12

13

14

15

16

17

18

19

20

Wichtig

Telefonate

Montag

07. Dezember

07

08

09

10

11

12

13

14

15

16

17

18

19

20

Wichtig

Telefonate

Dienstag

08. Dezember

07

08

09

10

11

12

13

14

15

16

17

18

19

20

Wichtig

Telefonate

Mittwoch

09. Dezember

07

08

09

10

11

12

13

14

15

16

17

18

19

20

Wichtig

Telefonate

Donnerstag

10. Dezember

07

08

09

10

11

12

13

14

15

16

17

18

19

20

Wichtig

Telefonate

Freitag

11. Dezember

07

08

09

10

11

12

13

14

15

16

17

18

19

20

Wichtig

Telefonate

Samstag

12. Dezember

07

08

09

10

11

12

13

14

15

16

17

18

19

20

Wichtig

Telefonate

Sonntag

13. Dezember

07

08

09

10

11

12

13

14

15

16

17

18

19

20

Wichtig   Telefonate

Montag

14. Dezember

07

08

09

10

11

12

13

14

15

16

17

18

19

20

Wichtig

Telefonate

Dienstag

15. Dezember

07

08

09

10

11

12

13

14

15

16

17

18

19

20

Wichtig

Telefonate

Mittwoch

16. Dezember

07

08

09

10

11

12

13

14

15

16

17

18

19

20

Wichtig

Telefonate

Donnerstag

17. Dezember

07

08

09

10

11

12

13

14

15

16

17

18

19

20

Wichtig

Telefonate

Freitag

18. Dezember

07

08

09

10

11

12

13

14

15

16

17

18

19

20

Wichtig

Telefonate

Samstag

19. Dezember

07

08

09

10

11

12

13

14

15

16

17

18

19

20

Wichtig

Telefonate

Sonntag

20. Dezember

07

08

09

10

11

12

13

14

15

16

17

18

19

20

Wichtig

Telefonate

Montag

21. Dezember

07

08

09

10

11

12

13

14

15

16

17

18

19

20

Wichtig

Telefonate

Dienstag

22. Dezember

07

08

09

10

11

12

13

14

15

16

17

18

19

20

Wichtig

Telefonate

Mittwoch

23. Dezember

07

08

09

10

11

12

13

14

15

16

17

18

19

20

Wichtig

Telefonate

Donnerstag

24. Dezember

07

08

09

10

11

12

13

14

15

16

17

18

19

20

Wichtig

Telefonate

Freitag

25. Dezember

07

08

09

10

11

12

13

14

15

16

17

18

19

20

Wichtig   Telefonate

Samstag

26. Dezember

07

08

09

10

11

12

13

14

15

16

17

18

19

20

Wichtig

Telefonate

Sonntag

27. Dezember

07

08

09

10

11

12

13

14

15

16

17

10

19

20

Wichtig

Telefonate

Montag

28. Dezember

07

08

09

10

11

12

13

14

15

16

17

18

19

20

Wichtig

Telefonate

Dienstag

29. Dezember

07

08

09

10

11

12

13

14

15

16

17

10

19

20

Wichtig

Telefonate

Mittwoch

30. Dezember

07

08

09

10

11

12

13

14

15

16

17

18

19

20

Wichtig	Telefonate

Donnerstag

31. Dezember

07

08

09

10

11

12

13

14

15

16

17

18

19

20

Wichtig

Telefonate